L'ÉLECTION

PRÉSIDENTIELLE

Décembre 1885.

PARIS

E. DENTU, LIBRAIRE-ÉDITEUR

PALAIS-ROYAL, 15-17-19, GALERIE D'ORLEANS

—

1885

L'ÉLECTION PRÉSIDENTIELLE

CONSIDÉRATIONS GÉNÉRALES

La même année 1885 devait voir le Sénat renouveler le
tiers de ses membres, la Chambre des députés terminer son
mandat, des élections législatives se faire dans tout le pays
avec un autre mode de scrutin, enfin le président de la République lui-même remettre ses pouvoirs au nouvel élu du
Congrès. Telle est notre organisation politique pleine de
secousses et de surprises !

Nous allons examiner les différentes candidatures à la
présidence de la République. Mais nous devons auparavant
jeter un coup d'œil sur les élections du 4 et du 18 octobre,
étudier leur signification, et voir quel est le rôle réservé aux
conservateurs par la composition même de la Chambre. Le
4 octobre les députés nommés étaient en majorité conservateurs, cependant le résultat final n'était pas douteux ; dans
la plupart des départements soumis au ballottage la réunion
des deux listes républicaines comprenait plus de voix que
la liste conservatrice. Les opportunistes avaient la majorité
dans les élections républicaines, les radicaux remportaient

un assez beau succès, les modérés étaient complètement battus.

Quel était le sens de cette première manifestation? Les électeurs avaient voulu donner une leçon au gouvernement actuel, au ministère Ferry, à cette politique néfaste continuée par le ministère Brisson, les adversaires des hommes au pouvoir leur semblaient indiqués et le suffrage universel qui raisonne peu ne remarqua pas que les républicains modérés répondaient tout particulièrement à ce double but : ne pas changer la forme du régime, modifier complètement la direction politique.

Après le 18 octobre les républicains triomphèrent trop bruyamment, les conservateurs étaient encore nommés dans un certain nombre de départements, malgré une pression révoltante, et ce que les journaux ministériels ou radicaux appelaient la revanche de l'opinion publique n'était autre chose que la revanche de l'administration. Le succès des droites était si peu compromis, que presque partout le nombre des voix conservatrices avait augmenté sensiblement. Le résultat définitif fut de donner 203 sièges aux conservateurs.

Dans l'ancienne Chambre les droites n'avaient pas le cinquième des voix. On augmenta le nombre des députés avant de procéder aux élections, et aujourd'hui, l'opposition conservatrice occupe plus du tiers de l'Assemblée nouvelle. Ce sont des chiffres. Adressons-nous encore à leur éloquence. L'avantage des conservateurs qui a été si considérable, comme nombre de places, a été bien plus important comme nombre de voix. Dans la France entière 475.000 voix seulement de majorité étaient données à toutes les fractions réunies du parti républicain. Or, il est admis que le gouvernement, par le fait même de son existence, bénéficie, dans une grande consultation nationale, de 500.000 voix. Ajoutez-y les votes arrachés par une pression violente partout et dans certains endroits odieuse, même cynique, l'appui des /gens qui craignent un changement, lequel entraîne forcément un certain genre de révolution, enfin les votes républicains des récidivistes (la loi qui les flétrit n'étant pas encore appliquée), supposez aussi que le suffrage universel soit, non pas supprimé, mais légèrement modifié par des conditions d'âge, de séjour, etc., qui seront certainement trouvées indispensables et vous devrez reconnaître que la France, librement consultée, se serait prononcée à une forte majorité en faveur de l'union conservatrice.

Les anciens membres du cabinet Ferry ont été réélus et tous les collègues de M. Brisson au ministère sont revenus, moins deux, siéger à la Chambre ; les journaux qui défendent leur politique y voient la preuve que le pays ne s'est pas prononcé contre eux. C'est là une erreur volontaire. M. Ferry avait employé le temps où il était au pouvoir à se populariser par tous les procédés possibles ou même impossibles, dans le département des Vosges. Ses collaborateurs n'ont obtenu un succès relatif et difficile que par les soins d'une administration menacée elle-même par le pouvoir central. MM. Waldeck-Rousseau et Martin-Feuillée (ce dernier ancien poète bonapartiste et l'égal de M. Belmontet, la fidélité en moins) ont signé des inepties odieuses qui dégoûtèrent un républicain élu de leur département, M. de Lariboisière : *le peuple asservi... le drapeau blanc... la guerre déclarée à l'Italie avant trois mois, etc., etc.* Franchement, je ne comprends pas qu'on sollicite un mandat de gens auxquels il faut dire de semblables bêtises pour obtenir leurs voix. De scandaleuses associations à Paris, des procédés peu honnêtes en province sauvèrent le ministère Brisson, et encore a-t-il été violemment secoué à Paris le 4 octobre ; quand des chefs aussi peu scrupuleux recueillent un aussi mince avantage, on peut dire que des élections sincères les auraient mis à leur vraie place... dehors !

Pour moi, le rôle des conservateurs est tracé, répondre par une union qui ne se discutera pas une seule fois aux tentatives de coalition des différents groupes républicains entre eux, s'inspirer de cette idée que ce sont des modérés, des gens pour lesquels l'ordre, la morale et la religion représentent les premiers principes qui les ont envoyés à la Chambre avec cette grande et belle mission de prendre l'initiative de ce qui est bien, de s'associer à ce qui est utile, d'affirmer hautement les droits de la France honnête, de protester chaque fois qu'ils seront méconnus.

Il faut que la profession de foi des deux cents députés conservateurs, aux prochaines élections, comprenne simplement la liste de leurs revendications à la Chambre pendant cette législature et l'énumération de leurs votes.

Je sais qu'on préconise le plan suivant : rendre par n'importe quel moyen le gouvernement impossible, accumuler les renversements de ministère, hâter la dissolution. Je ne suis pas partisan de cette manière de faire, les députés conservateurs perdront leur popularité s'ils s'associent aux mesures révolutionnaires ; de plus ils accompliront une mauvaise action, et l'honnêteté est bien souvent le secret du succès ; enfin, au dernier moment, les plus exultés eux-mêmes hésiteraient peut-être à provoquer une dissolution qui nécessiterait une nouvelle campagne électorale avec toutes ses fatigues et tous ses hasards.

Que l'union conservatrice n'oublie pas ceci : il y a en France de nombreux républicains modérés, quoique très peu de députés de cette nuance aient été nommés. Bien des électeurs ont voté à grand regret, dans beaucoup d'endroits, pour des opportunistes ou des radicaux ; les exagérations forcées du pouvoir actuel les détacheront nécessairement, et alors, si la politique de la droite a été loyale, consciencieuse, digne, ces hommes nous apporteront les voix qui nous manquent. Le parti conservateur doit s'agrandir ; en ce moment il constitue déjà une réelle difficulté pour le gouvernement, bientôt il peut devenir une menace ; ce jour-là, son triomphe est assuré, des adhésions même bien improbables se manifesteront aussitôt. Pourquoi? Parce que telle est la morale politique du monde parlementaire : le désir suit de près la crainte.

MONSIEUR FERRY

Pour être juste, il faut reconnaître que M. Ferry est de beaucoup supérieur à tous les députés ou sénateurs républicains. Derrière le char funèbre de Gambetta où il jouait la comédie d'une grande douleur à laquelle personne ne crut, il paraissait indiqué pour recueillir la succession, c'est ce qui arriva.

Sans aucune conscience M. Ferry a tour à tour, dans sa vie politique, cherché par de nombreux moyens d'abord à attirer les regards sur lui, ensuite à jouer le principal rôle. Il y a peu d'hommes dont la vie et les discours soient plus souvent en contradiction, et quel malheur pour notre pays qu'il se rencontre parfois des gens aussi adroits dans les discussions politiques et aussi nuls dans l'exercice du gouvernement. Des mots d'esprit, des harangues révolutionnaires, une certaine crânerie personnelle, une confiance illimitée dans ses propres forces, une ambition sans limites, une volonté de fer chez lui, une grande médiocrité chez les autres furent les causes multiples de son arrivée au pouvoir. Joignons-y la chance, cette déesse des hommes politiques, sans laquelle Bonaparte n'aurait jamais été Napoléon Ier et que Napoléon III reconnaissant appela son étoile. Tout préparait, décidait, proclamait l'autorité dictatoriale de M. Ferry. Hélas! il n'était pas de force à remplir ce premier rôle si difficile en France. Le général Trochu avait trop de plans, M. Ferry n'en possédait aucun. Depuis quinze ans le plus long, le moins libéral des ministères républicains fut celui qu'il présida; on sentait que le régime exclusivement parlementaire étouffait tous les germes indispensables à l'organisation d'un bon gouvernement; la nécessité politique faisait un devoir de fermer les yeux sur cette singulière application de la Constitution, *Ferry regnante,* on lui était reconnaissant d'oser, on applaudissait ses ordres, les plus timorés surtout se croyaient transformés en l'écoutant parler ; enfin on avait donc un Bonaparte qui se contenterait de la première place dans la République, on avait donc un ministre qui semblait accepter les responsabilités, on sentait en lui un dictateur, et cependant on ne redoutait pas de lui voir effacer ces mots qui font les révolutions et qui donnent les places : — *suffrage universel,* — *immortels principes,* — *souveraineté du peuple,* etc., etc. On savait qu'il conserverait toutes les épithètes et qu'il détruirait tous les dangers. C'était un sceptique qui paraissait convaincu, un despote qui parlait de liberté, un maître qui faisait de vilaines choses en prononçant de beaux discours.

Ce qui manqua à M. Ferry ce fut un programme ; il était bien réellement l'inspirateur, l'organisateur de l'opportunisme, cette théorie politique d'autant plus dangereuse qu'elle flatte l'intelligence et paraît raisonnable. En effet, décider de tout d'après les circonstances, profiter de ce qui semble indiqué, continuer ce qui réussit, étouffer ce qui nuit, s'inspirer des occasions, tout cela devrait être une doctrine politique souhaitable ; au contraire, les événements deviennent bientôt trop puissants, les solutions se précipitent et vous entraînent avec elles, ou bien de brusques changements se produisent tout d'un coup et l'élan que vous vous êtes donné pour suivre la marche des choses vous brise à un obstacle imprévu.

M. Ferry l'a reconnu lui-même, pour le Tonkin, ce Mexique du gouvernement républicain, cette faute plus grande encore que celle de l'Empire, puisque l'expérience de nos malheurs passés, les difficultés des Anglais en Egypte et encore bien d'autres avertissements auraient dû rendre clairvoyants même les plus incapables. M. Ferry a été la cause d'une guerre malheureuse à tous les points de vue et sur laquelle je ne veux pas insister ; il a trompé la France ; il a permis la persécution religieuse. Ses remarquables capacités n'ont eu qu'un pitoyable résultat.

L'absence de programme, le manque de principes, telles sont les deux causes de la ruine de cet homme et de tout ce à quoi il a touché. Sous l'Empire, M. Ferry a été un des plus grands révolutionnaires ; au pouvoir, il fut un autocrate; toujours il a été un sceptique, aujourd'hui il n'est plus rien. Laissons-le à toutes ses contradictions, à son isolement, à ses remords. Je souhaite seulement qu'on ne se laisse plus prendre à ce jeu : prononcer un discours révolutionnaire auquel on donne toute l'ardeur de la jeunesse, se mettre ainsi en relief, arriver sur ce programme qui flatte les plus violents, puis, une fois au pouvoir, manquer à toutes ses paroles sous prétexte qu'elles ont été prononcées à une heure de fatigue et de passion, et jouir d'une place gagnée par un mensonge et conservée par un désaveu. L'homme qui a fait cela ne mérite pas de commander à ses concitoyens ; il ne cherche pas le bien, il cherche son bien.

M. Ferry s'est laissé affoler par la dépêche du général Brière de l'Isle ; un instant il a cessé de croire en lui, et tous ses fidèles se sont dispersés, l'ont renié, et de serviles sont devenus ingrats. Il ne sera pas nommé, sa politique ne pourrait être que dictatoriale. Or, un dictateur, c'est un chef ; et un jour, ce chef a tremblé !

MONSIEUR FLOQUET

Les élections du 4 et du 18 octobre l'ont servi d'une manière spéciale, les événements des derniers mois lui avaient déjà été propices au delà de ses propres espérances, au delà de son réel mérite.

M. Floquet est orateur, il est un de ceux qui parlent le mieux dans le parti républicain ; sa force vient de ce qu'il paraît convaincu, de plus, il est radical et n'accepte pas les plus violentes parmi les exagérations de son parti, il affirme nettement ce qu'il veut, et dans ses revendications ne va jamais jusqu'à la folie révolutionnaire, il dépasse ce qui est juste, il s'arrète avant ce qui est insensé. Il s'est acquis une très grande popularité en se déclarant partisan de la mairie de Paris, il a été dans l'opposition sans creuser un abîme entre le pouvoir opportuniste et lui, enfin il bénéficia de la haine inspirée par le ministère Ferry lors du triste événement de Langson pour arriver à la présidence de la Chambre, les conservateurs votèrent pour lui, afin de faire échouer

M. Fallières; les événements lui ont été favorables et il a su en profiter.

Il ne faudrait pourtant pas s'exagérer la valeur de M. Floquet; un peu de raison dans la déraison de son parti, un peu de bon sens dans la folie radicale, un peu de talent dans la médiocrité républicaine ont élevé cet homme au-dessus de son vrai niveau.

Une farce de mauvais goût sous l'empire fut le point de départ de sa fortune politique. On se souvient du jour où la calèche impériale dans laquelle se trouvait le czar auprès de Napoléon III fut accostée par un étudiant à la barbe un peu longue, au chapeau mou, à la voix enflée : « Vive la Pologne, Monsieur! » Il n'en fallait pas plus, ce fut un grand étonnement, mais ce mot qui prouvait surtout la mauvaise éducation de son auteur lui valut une véritable célébrité, nos sympathies très vives et très ardentes pour la Pologne atténuèrent un peu la grossièreté du procédé; M. Floquet était lancé! Ce fut là sa première manière, heureusement il se modifia, il comprit que la renommée acquise à si bon compte ne lui sourirait pas toujours autant pour de semblables fredaines, il se prépara à être homme d'État, il y est arrivé.

M. Floquet pourrait avoir des chances de sortir d'un ballottage pour l'élection présidentielle à cause de sa situation dans le parti radical, de sa parenté avec le chef du parti opportuniste, des nombreuses voix qu'il a recueillies dernièrement et qui le firent proclamer député des Pyrénées-Orientales, le 18 octobre, après lui avoir donné un véritable triomphe au premier tour de scrutin à Paris. Il est doué d'une grande force de volonté et possède une rare ténacité, mais il n'a aucun programme sérieux; ce que nous savons de lui permet de dire que sa politique serait avant tout personnelle, c'est beaucoup, ce n'est peut-être pas assez.

M. Floquet ne sera pas élu; il effrayera les modérés, ne

satisfera pas complètement les violents, et enfin si la droite continue à trouver que nommer un radical équivaut pour elle à un grand succès; pourquoi s'arrêter alors à la nuance *sang de bœuf*, la Chambre possède *mieux*, dit-on. Et puis, à défaut d'une couronne, nous n'en sommes pas encore réduits à souhaiter pour la France un chapeau mou, fût-il légendaire!

MONSIEUR LÉON SAY

Par tempérament comme par intérèt, M. Léon Say était l'homme des centres, et cette situation, qui lui convient très spécialement, lui a fait croire qu'il pourrait toujours aller de droite à gauche et inversement, pourvu qu'il ne quittât jamais cette sphère d'action. Ce fut une erreur, il y perdit en considération ; de plus, on cessa d'avoir foi en lui ; financier distingué, il s'est montré détestable politique ; aujourd'hui, la situation est nette. M. Léon Say, n'y trouve plus sa place.

Se souvenant qu'il a toujours été opportuniste quant à ce qui le touchait personnellement, il va peut-être se rallier d'une manière définitive à la monarchie constitutionnelle ; c'est ce qu'il a de mieux à faire, pour lui d'abord, et un peu pour nos finances, que la royauté devra relever, si elle est rétablie, Qu'il s'assure un ministère dans l'avenir royaliste plutôt que de rêver une présidence imoossible dans le présent républi-

cain, c'est le meilleur conseil qu'on puisse lui donner, et je
le fais en passant.

Revenons, après cette petite digression, au but de cette
étude et parlons de M. Léon Say, quant à ses chances élec-
torales au Congrès. Elles devraient être absolument nulles,
puisque ce sont les modérés qui ont subi le plus grand échec
aux dernières élections. Aucun parti ne fut plus éprouvé,
très peu de voix se portèrent sur les candidatures républicaines conservatrices, personne ne fut élu, à moins de se
rallier au second tour à un programme violent, et M. Ribot,
lui-même, un des hommes les plus capables de l'ancienne
Chambre, et qui a lutté, sans un instant de découragement,
pendant toute la période électorale dans le Pas-de-Calais, a
été battu dès le 4 octobre, de la façon la plus significative,
Cet éloignement du peuple pour les idées républicaines mo-
dérées est la mort de la République elle-même. M. Léon Say
ne saurait être proclamé président que s'il s'établissait au
Congrès un courant tout à fait contraire à celui des élections
législatives. Cette nomination serait presque un défi jeté à
l'opinion publique, et je n'ai traité ici de cette candidature
que parce que je sais que tout se voit en politique et que
l'absurde est malheureusement parfois vraisemblable.

Dans quelles conditions M. Léon Say pourrait-il être
nommé. Dans une seule, que nous allons examiner succinc-
tement. La minorité peut être appelée à jouer au Congrès un
rôle important, mais non pas décisif ; de là l'impossibilité
pour elle de faire nommer un candidat de son choix ; d'un
autre côté, la majorité républicaine est divisée en plusieurs
groupes très hostiles, et le candidat de chacune des fractions
ne pourra réunir assez de voix que si une entente s'établit
avec les députés de la droite. Ces derniers voteraient peut-
être pour M. Say, ce qui donnerait une certaine satisfaction
aux idées conservatrices, et, dans ce cas, les républicains

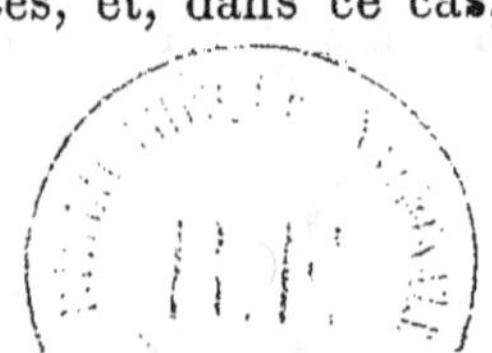

pourraient encore se considérer comme les vainqueurs de la journée, puisque l'élection se ferait en faveur d'un sénateur républicain. Mais ici M. Léon Say aurait contre lui les variations de son passé politique ; on douterait de lui à droite et à gauche, et son insuccès serait la conséquence méritée de ses tortueuses hésitations.

M. Léon Say éprouva un grand échec aux dernières élections en Seine-et-Oise ; il était l inspirateur, l'organisateur de la liste de gauche modérée, et de lourdes maladresses furent relevées à son compte pendant la période électorale ; ce souvenir permet de croire qu'il serait incapable de réaliser son but : copier M. Thiers en faisant mieux que lui. Laissons-le à ses scènes de politique de bascule et rangeons-nous à l'avis de l'écarter définitivement.

LE GÉNÉRAL CAMPENON

Il faut bien que je vous en parle, puisqu'on parle de lui, mais, je vous le demande, aurions-nous encore le droit de passer pour un peuple spirituel le jour où les jurons de ce général, un peu trop sergent, constitueraient la plus haute expression de notre régime parlementaire ? Ce serait là la dernière forme de la République : elle ne résisterait pas à tant de ridicule.

Le Delta, tout le Delta ; puis le Tonkin, tout le Tonkin ; enfin l'Annam et, en sens inverse, pas tout l'Annam, pas tout le Tonkin, peut-être même bientôt pas tout le Delta : telles sont les nombreuses variations que joua ce ministre sur le thème indo-chinois, de gras et solides jurons servant toujours de base.

Le jour où on décida d'expulser de l'armée les princes d'Orléans, on offrit au général Campenon le ministère de la guerre avec cette besogne en perspective : « Je me f.... des princes, répondit-il, mais je ne veux pas faire une cochonnerie! ». On admira cette abnégation, tant il est rare de trouver aujourd'hui, dans les sphères gouvernementales, des gens qui sacrifient une place à leur dignité personnelle. Le général Thibaudin fut nommé et la vilaine action commise. Plus tard, quand M. Ferry se débarrassa de ce dernier qui, n'ayant plus de mal à faire, n'avait plus de raison pour rester, on lui donna pour successeur celui qui traitait de *cochonnerie* son œuvre au ministère de la guerre. M. Jules Ferry a-t-il compris à quel point toutes ces tristes histoires et ces piteux procédés ont jeté de déconsidération sur les actes de son ministère?

Ce qui plaidait le plus en faveur du général Campenon, c'était sa brutale franchise, on y croyait : sa rudesse militaire lui servait de cadre, hélas! souvenons-nous de la séance où, lisant les dépêches du général de Courcy, après l'affaire de Hué, il promettait de faire connaître *toujours, toutes* les nouvelles qu'il recevrait du Tonkin. Les applaudissements qui éclatèrent semblaient se retourner contre M. Ferry ; la vérité est que la brutale franchise du général Campenon vaut l'impartialité de M. Brisson et l'austérité de M. Grévy.

La candidature du général Campenon aurait un succès de fou rire et rallierait au plus une voix : la sienne!

Quoique royaliste, je suis libéral, et, si un jour je venais à m'écrier : « Vive la politesse! », je ne voudrais pourtant pas être condamné pour outrage au Président de la République.

MONSIEUR DE FREYCINET

Dans sa vie politique, M. de Freycinet nous donne l'exemple de nombreux et éclatants contrastes; l'amitié d'un grand homme le mit en relief. Inconnu avant 1870, son nom fut bientôt répandu dans toute la France, où il profita de la popularité de Gambetta; nos affreux malheurs furent le point de départ de sa fortune politique. Plus tard, on lui fut reconnaissant de ce qu'on appelait son indépendance : il se séparait de son ancien chef; d'autres, il est vrai, se plaignaient de son ingratitude : il se séparait de son ancien ami. Tout le servit, félicitations et reproches : les félicitations, qui firent croire à une capacité qui n'existait pas, mais dont on voulait voir la preuve dans cette scission politique; les reproches, qui lui permirent de se séparer de ceux qui effrayaient. Pendant un certain temps, M. de Freycinet passa pour être l'homme de l'avenir; beaucoup acceptaient cette éventualité.

On le vit à l'œuvre : il se déconsidéra dans une lutte sans

utilité, sans raison, sans dignité, sans légalité même, contre le clergé. Inventeur des décrets, comme réponse à l'échec de l'article VII, il prouva qu'il n'était pas de bonne foi dans l'exercice du pouvoir, puisqu'il se faisait l'instrument de la haine anti-cléricale. Le tort qui en résulta pour lui devait retomber sur ses coreligionnaires politiques, et la France a montré dernièrement qu'elle était lasse de toutes ces persécutions et ces mesquineries indignes d'une politique honnête et sérieuse.

A ceux qui exaltent sa politique, je citerai, au milieu de fautes innombrables, la perte de notre prestige et de notre situation en Egypte ; à ceux qui reconnaissent que son gouvernement n'était pas sans défauts ni sans dangers, mais qui l'excusent en disant que sa vie, consacrée à des études spéciales, le désignait particulièrement pour les travaux publics, je répondrai que, malheureusement pour lui et surtout pour nous, l'expérience a été faite. Souvenons-nous de son fameux plan des chemins de fer, ajoutons au déficit actuel les sommes énormes qui auraient été dépensées pour la réalisation de son programme, essayons ensuite d'établir le budget ! La faillite aurait été son œuvre !

M. de Freycinet, dans le parti républicain, est un honnête homme, mais c'est un esprit chimérique ; rien n'est plus dangereux. Il a espéré que les circonstances lui seraient favorables ; il est tombé dans cette erreur commune à tous les candidats à la Présidence : compter sur la chance ! Une bonne politique, la modération dans les affaires intérieures, la dignité sans jactance dans les affaires extérieures, l'économie dans les travaux publics, la protection accordée aux produits nationaux, le respect pour les cultes reconnus, la sévérité vis-à-vis des fonctionnaires coupables, l'appel sincère à toutes les bonnes volontés, voilà quelle aurait été la véritable adresse de la part d'un premier ministre, et notre reconnaissance lui aurait offert plus de garanties que toutes les éventualités , tous les aléas sur lesquels si maladroitement on se plaît à fonder tant de rêves et tant d'espérances.

Je vais plus loin. Mériter le respect de tous ses concitoyens par la franchise du caractère, la sincérité des convictions, l'honnêteté dans les fonctions, la droiture dans la vie privée et publique, cela suffit. La preuve en est que Chanzy serait nommé aujourd'hui, si la France avait encore le bonheur de le posséder.

L'amitié de M. de Freycinet pour le Président actuel lui fait un devoir de ne pas combattre sa réélection. Il faut cependant reconnaître qu'à défaut de M. Grévy, les chances se partageraient aujourd'hui entre le ministre des affaires étrangères et le président du conseil. Ces deux candidatures seraient les seules sérieuses ; toutes les autres feraient hausser les épaules et baisser la rente.

LE PRINCE NAPOLÉON

Dans ses dernières déclarations, le prince Napoléon se désigne lui-même pour la présidence de la République ; jusqu'à ce jour, il avait voulu laisser planer comme un doute sur ses plus intimes désirs et ses plus formelles volontés ; peut-être pesait-il simplement les différentes chances des deux partis auxquels il pouvait s'arrêter. Aujourd'hui, sa candidature est aussi avouée que jusqu'à présent elle avait été inavouable.

Sous l'Empire, son dévouement tenait aux espérances déçues de l'impératrice ; la naissance d'un prince héritier le jeta, non pas dans l'opposition, c'eût été mal mais franc, elle le lança dans les intrigues, les demi-conspirations, dans la lutte sourde et haineuse contre Napoléon III. Le besoin de saper la puissance impériale et, à d'autres moments, la nécessité de bénéficier de sa parenté avec le chef de l'État, la situation faite par la guerre à la dynastie napoléonienne, la mort de l'empereur, puis celle du prince impérial, furent autant de causes pour lui de nous montrer l'unique mobile de toutes ses actions : l'ambition du pouvoir; et dans sa marche vers ce but, il ne se laissa arrêter par aucune loi, aucun principe, aucun sentiment.

Le prince a enrichi le parti républicain d'une nouvelle nuance : *les républicains jérômistes*. Il n'est pas admissible, en effet, que ses partisans se refusent à accepter cette épithète après les récentes déclarations de leur chef. Un peu de franchise, et avouez enfin que l'Empire et la Monarchie sont vos deux principaux adversaires et que la République est votre alliée, le châtiment est prêt ; les républicains vous déclarent indignes d'aller à elle et les conservateurs ne vous trouvent plus dignes de venir à eux.

De deux choses l'une, ou le prince-président renoncerait à une plus grande ambition et ne chercherait pas à restaurer l'Empire, et alors, je vous le demande, pourquoi l'appeler au pouvoir, pourquoi ne pas chercher simplement le plus capable, pourquoi laisser encore le choix se porter sur une famille privilégiée au lieu de donner, si c'est possible, l'exemple d'un simple citoyen, choisi pour ses seuls mérites, par tous les Français, et méritant par ses vertus la première magistrature du pays? Pourquoi prendre un homme dont les amis ne sont que des courtisans et par conséquent des flatteurs ambitieux, qui désirent que le maître soit un peu plus haut afin que le serviteur soit un peu moins bas? Un prince-président a à lutter tout particulièrement pour ne pas transiger avec ses serments.

Ou bien le prince n'aspire à jurer fidélité à la République que pour donner, par la suite, une raison d'être à un Sénat restaurateur de l'Empire. De cette farce, tous les Français en ont assez, tous, excepté un : le prince Napoléon.

MONSIEUR BRISSON

Nous avons constaté sans la moindre difficulté que M. Floquet était un homme adroit, nous reconnaîtrons tout aussi facilement que cet avantage fait entièrement défaut à M. Brisson ; tous deux, je l'espère, sont condamnés à ne pas voir se réaliser ce rêve de presque tous les médecins, les avocats, les vétérinaires : être président de la République !

Sectaire convaincu, il vantait lui-même sa grande impartialité, et il a bénéficié, ainsi que plusieurs de ses collègues au ministère, d'une réputation très usurpée. Son silence a fait croire à sa profondeur : il n'était que l'expression de sa science politique. M. Brisson est arrivé au pouvoir dans les plus belles conditions, les plus faciles qu'on puisse imaginer. M. Ferry tombait écrasé sous le poids de tous les mensonges accumulés, une explosion de haine renversa ce ministère subi servilement par les uns, exécré par les autres, tout était bon qui n'y tenait ni de près, ni de loin ; de plus la crise ministérielle s'était prolongée, on fit à M. Brisson un devoir patriotique d'accepter la plus belle situation qui soit en France en dehors de celle de chef de l'État. Il hésita avant d'accepter, il faut être en république ou en carneval pour voir de semblables choses.

Pourquoi, M. Brisson, a-t-il échoué à ce degré dans sa tâche? Parce qu'il n'avait aucun programme, ne savait rien, flottait entre la gauche et l'extrême gauche et cherchait à donner le spectacle d'un radical modéré : cette nuance ne convenait pas. Sa maladresse constante le rend propre aujourd'hui à ne rien faire, et lui indique ainsi ce qui aurait dû être toute sa carrière politique. On est étonné quand on voit au pouvoir ces fameux hommes d'état républicains du peu de valeur qu'ils y manifestent, du peu d'intelligence qu'ils y déploient, en un mot de l'absolue médiocrité dont ils font preuve. Naïvement nous nous laissons prendre à ce que leurs amis intéressés ou des agents payés nous racontent sur leurs capacités. On s'imagine que la République inspire de grands dévouements, développe de grands facultés, on va jusqu'à se persuader qu'elle engendre les plus grands génies, et le jour où nous voyons à l'œuvre tous ces prodiges, nous croyons rêver! « La République sans les républicains », a dit M. Thiers; c'était là la seule chose possible; il connaissait tous ces hommes qui se préparaient à la perdre en nous perdant nous-mêmes, ce qui est beaucoup plus grave.

M. Brisson ne devrait pas être élu, car on a constaté que chaque fois que sa situation a grandi, il a paru diminuer lui-même : député insignifiant, médiocre président de la Chambre, mauvais président du Conseil, nous sommes en droit de conclure qu'il serait un détestable président de la République.

Pendant la crise ministérielle qui suivit la chute de M. Ferry, un député, qui connaissait bien M. Brisson et qui savait ses espérances relatives à la première magistrature du pays, me disait un jour : « Je comprends ses hésitations, car s'il arrive, il n'arrivera pas ! » C'était une prophétie.

Rendons-le au Cher, qui semble douter d'avoir besoin de lui, et ne le gardons pour aucune fonction, car pas une ne lui convient. Sa politique aurait le double caractère de la maladresse et de l'ignorance.

Tout ceci est vrai ; dans un moment de sincérité, M. Brisson le reconnaîtrait lui-même ; et cependant il a des amis politiques, assez nombreux, qui voudraient l'opposer à M. Grévy. Ce dernier et M. de Freycinet sont l'obstacle ; sans eux, M. Brisson serait président. On voit tout, en République !

MONSIEUR CLÉMENCEAU

On a trop parlé de M. Clémenceau ; voilà quinze ans que l'on discute la date de son arrivée au pouvoir, qu'on se demande ce que sera son gouvernement, qu'on lui suppose mille projets constitutionnels : il est usé.

Son bon sens ne lui permet pas de suivre toutes les exagérations du parti radical, mais il est trop tard, et cette sorte de modération nouvelle l'empêchera probablement d'arriver. M. Clémenceau a été le premier à se rendre compte que l'avenir était aux violents et il a pensé qu'en se mettant à leur tête il serait élu par eux le jour où le radicalisme entendrait enfin sonner l'heure de ses revendications. Ce qu'il n'avait pas prévu, c'est que les violents, de vrais violents, seraient dépassés, qu'il ne serait plus le chef d'un parti extrême, et tout est là ! La folie révolutionnaire qui s'asseoit parfois sur un trône a d'autres candidats que lui, et quant au radicalisme modéré, cette farce est jouée depuis long-temps par les opportunistes qui sont au pouvoir, qui, les premiers, ont pris ce rôle, ont accaparé les places et y tiennent d'autant plus que tous leurs principes politiques consistent à ne jamais les quitter.

Comment se fait-il que le parti radical ne réponde plus assez complètement aux réclamations des prolétaires ; pourquoi les grandes villes veulent-elles aujourd'hui des représentants qui empruntent leur caractère aux traditions de la Commune ou tout au moins à des programmes intransigeants ou socialistes ? c'est que l'on a cru qu'il suffirait de jeter bas l'empire, de briser tout ce qui représentait le passé et de dire à la société nouvelle : « Tu vois ces ruines, c'est là que tu dois creuser tes fondations. » M. Clémenceau a été l'homme de cette destruction ; il n'avait même pas besoin de tout son talent pour cette œuvre de démolition sociale, mais, hélas ! il faudrait un plus grand génie que le sien pour reconstruire aujourd'hui, et quand on a voulu édifier, personne n'a été à la hauteur de cette tâche. Depuis quinze ans, nous voyons tout passer devant nous : la finesse avec M. Thiers, la patience d'abord, la lutte ensuite pendant le septennat ; depuis, l'acceptation tacite, servile et constitutionnelle de M. Grévy durant les innombrables ministères qui se succèdent dans l'odieux, et malgré le coup d'épaule de la France enfin révoltée, cet affaissement subsiste, pourquoi ? parce que tous ces hommes d'Etat républicains sont les ennemis jurés des grands principes et que là seulement il y a le secret de la force nécessaire pour reconstituer, que dis-je, pour renaître !

M. Clémenceau ne trouvera jamais une majorité, dans aucun Congrès, pour lui donner le pouvoir. Supposons, cependant, qu'il soit nommé : le lendemain, il paraîtra un réactionnaire, et le parti radical, qui doit forcément s'appuyer sur le peuple, ne le soutiendra pas ; quelques-uns de ses amis, et de très rares opportunistes qui se rallieraient à lui, constitueraient son seul et faible soutien. Il serait obligé, pour prendre des assises dans le pays, de suivre les programmes les plus passionnés : modéré, il ne peut pas l'être ; intransigeant, que pourrait-il faire? On ne détruit pas ce qui n'existe plus.

Je ferai aussi à M. Clémenceau le reproche de n'avoir eu qu'un but : arriver au pouvoir. Son opposition n'était pas patriotique, elle était personnelle ; de même, sa campagne électorale ; et si de nombreux radicaux sont entrés à la Chambre, il ne saurait avoir la prétention de les diriger. Ses fidèles ne sont pas longs à compter. Les opportunistes le regretteront comme un de leurs pires ennemis ; les socialistes, les intransigeants, les révolutionnaires lui objecteront sa bourgeoisie ; les conservateurs sont au pôle opposé de sa politique. On l'a dit depuis longtemps : on ne s'appuie que sur ce qui résiste ; et toutes les résistances sociales ont été complètement brisées, d'abord par sa coopération, ensuite pendant sa neutralité, en dernier lieu malgré lui.

Il s'est perdu dans l'œuvre de perdition générale.

MONSIEUR GRÉVY

On dit de lui qu'il est austère, je crois qu'il est surtout malin.

Un jour, il y a bien longtemps de cela, en période électorale, M. Grévy sollicitait les suffrages de ses concitoyens. A cette époque, il était loin de posséder des maisons à Paris. Son concurrent parcourait en voiture toute la circonscription. M. Grévy, lui, devait s'arrêter à pied à toutes les portes, et cette inégalité de fortune faisait naître l'inégalité des chances. Il résolut d'employer, sans bourse délier, les mêmes moyens que son antagoniste. Le problème était difficile ; cependant, il en trouva la solution. Il colla sa profession de foi sur la capote du cabriolet de son concurrent qui, sans s'en douter, promena ainsi partout la prose de M. Grévy. Cet agent électoral d'un nouveau genre lui valut un réel succès ; il fut nommé.

M. Grévy est tout entier dans cette anecdote ; ses habitudes, sa manière de faire, sa politique, sa chance tiennent dans cette plaisante aventure. Un adversaire riche pouvait lui être fatal, il fut la cause de son triomphe; de même l'amendement qui supprimait la présidence de la République et qui semblait devoir l'exclure à tout jamais de cette agréable fonction, le fit remarquer et fut la cause, longtemps après, de son élection présidentielle. On lui voulut du bien de ne pas tenir d'une manière exagérée à ses anciens principes; cela dénotait un brave homme. Il laissa à son concurrent le soin de le faire connaître et de préparer sa nomination; et, en effet, M. Grévy n'a-t-il pas toujours laissé aux autres la tâche de penser à lui, de le prier d'accepter une grande situation politique, et, enfin, même la première magistrature du pays? Il y avait de la bonhomie à confier ses chances à son rival, et, aujourd'hui encore, ne demande-t-il pas à tous ses compétiteurs d'accepter des ministères, des présidences du conseil, et à travailler ainsi à sa propre réélection?

Il y avait de la finesse dans cet acte de candidat malin. Est-ce naïf d'avoir fait une sinécure de la Présidence, d'avoir interprété la Constitution de telle manière qu'un seul homme ne peut se compromettre, ne doit encourir aucune responsabilité, soit seulement chargé de maintenir son pouvoir intact, indissoluble, et que cet homme soit justement le Président de la République lui-même? Il a demandé à son ennemi le succès de sa candidature, et aujourd'hui il attend avec raison, de tous ses ennemis réunis, la prorogation de ses pouvoirs.

M. Brisson, premier ministre, investi de la confiance du président, ne saurait, même en démissionnant quelques jours avant l'élection, se présenter contre celui qui lui a retiré tous ses moyens de réussir, en semblant lui donner tous les moyens d'arriver.

M. de Freycinet aime réellement M. Grévy, et ce n'est pas

si maladroit de savoir se faire aimer par celui qui pourrait être un compétiteur dangereux.

M. Clémenceau sent que son heure n'est pas arrivée ; il craindrait par dessus tout la nomination d'un jeune, et il est un de ceux qui s'occupent le plus de la réélection de M. Grévy.

Les conservateurs voteront pour lui, parce que M. Grévy s'est toujours montré correct dans l'exercice de son pouvoir et qu'il s'inclinerait devant la volonté nationale le jour où elle enverrait une majorité conservatrice à la Chambre ; tandis que MM. Ferry, Floquet, Clémenceau prononceraient la dissolution de la nouvelle assemblée, même avant sa réunion, et cela au nom de la liberté !

Tous ses ennemis l'acclament pour de nombreuses raisons, parce qu'avec l'apparence de la sympathie et de la bonté il a su miner le prestige et la popularité de ceux qui pouvaient réunir un grand nombre de voix, parce qu'il a été discipliné dans l'acceptation des votes parlementaires ; enfin, et par dessus tout, parce que sa faiblesse constitue sa principale force. En effet, on sent bien que ses béquilles ne sont pas celles de Sixte-Quint !

. . . .

Dernièrement je lisais ces pages à un de mes amis et je lui exprimais la crainte d'avoir exagéré le nombre de ces candidatures probables ou improbables, possibles ou même impossibles à la présidence de la République.

— Au contraire, me répondit-il, vous avez oublié le prétendant qui réunirait le plus de voix s'il osait se présenter aux suffrages du Congrès.

— Vraiment ! Eh bien, j'accepte votre collaboration. Quel est-il ?

— Le candidat imprévu !

TABLE DES MATIÈRES

Paris. — Imp. Balitout et Cie, 7, rue Baillif.